Herstellung und Verlag:
BoD - Books on Demand, Norderstedt
ISBN 978-3-7386-4407-4

Der Morgen

Die dunkle Nacht ist nun vorbei.
Verlass die Kissen, Träumerei.
Hab` Vogelrufe schon gehört.
Bin von dem Klang auf`s neu betört.

Der Horizont wird langsam hell
Und Leben regt sich reich und schnell.
Ganz langsam steigt die Sonne auf,
macht alles hell beginnt den Lauf.

Sie ist für uns der wahre Segen,
der Grundstein für Natur, das Leben.
Mal zeigt sie zart nur ihr Gesicht.
Mal purpur rot. Heut klares Licht.

Die Sonne wandelt die Gestalt,
schafft immer Neues und Vielfalt.
So hellt sie auf, wie jeden Tag,
den Morgen, den ich so sehr mag.

Ich bin aufs Neue so bewegt,
wie Sonne Wald und Flur belebt.
Mein Dasein findet immer Sinn,
Schau ich zur lieben Sonne hin.

Tageslauf

Der noch so junge Morgen
steigt aus seinem dunklen Bett.
Die Sonne zögernd zeigt,
ihr Strahlen so zärtlich, lieb und nett.

Wir müssen uns erheben.
Das Tagwerk es bricht an.
Nur mit der Morgensonne
ist es auch gut getan.

Der stete Lauf der Sonne;
bis mittags geht's bergauf.
Der Gipfel ist erklommen
. Die Arbeit noch zuhauf.

Wir müssen uns jetzt stärken,
vielleicht auch etwas ruh´n.
Doch ist die Zeit verronnen.
Es gibt noch viel zu tun.

Der Tag er geht zur Neige.
Das Tagwerk ist vollbracht.
Der Sonne lange Reise
das Tagwerk überwacht.

Die Himmelsbahn beendet,
die Erde geht zur Ruh.
Dem fleißigen Mensch fallen
jetzt die Augen zu.

Die Nacht sinkt grau herunter
und Stille überall.
Der fleißige Mensch, der schläft jetzt
mit Träumen Widerhall.

Doch darf man nicht versäumen,
die Nächte wunderbar.
Nun noch ein wenig träumen.
Der Morgen ist bald da.

Abendstille

Leis´ senkt sich die Nacht hernieder.
Liebe Sonne geht zur Ruh,
Vögel singen Abendlieder,
machen bald die Augen zu.

In den Wipfeln goldner Schimmer.
Abendwind, ein leiser Hauch.
Wiegt das Gras, die Blumen immer,
Sorgen finden Frieden auch.

Oh, wie lieb ich diese Stunde.
Auch meine Seele findet Ruh,
Aus der Wiesen nassem Munde,
weißer Vorhang ziert die Flur.

Ist die Zeit der stillen Träume,
führet dich in Orpheus Welt.
Graue Schatten in den Bäumen
Ändern gleichsam Wald und Feld.

Sitze da und hör von ferne
Glockenläuten, nur ganz sacht.
Ja, so träume ich so gerne.
Dunkelheit gewinnt die Macht.

Wollt den starken Bock erlegen,
viele Stunden schon verbracht.
Mein Gedankenflug bewegen,
Sieger war und ist die Nacht.

Abendandacht

Wieder geht ein Tag zur Neige.
Beendet ist des Tages Hast.
Überall setzt ein jetzt Schweigen.
Nimmt von den Schultern mir die Last.

Mit dem Untergang der Sonne
Gleichsam ändert sich die Welt.
Diese Stille, welche Wonne,
jetzt mein Inneres erhellt.

Meine Sinne tragen mich hinaus.
Meine Augen über mir das Himmelszelt.
In mir steigt die Sehnsucht auf:
„möge sich erhalten unsre schöne Welt".

Langsam schwindet mehr und mehr das Licht.
Ich höre und schaue im Wiesengrund,
wie eine Stimme zu mir spricht:
„die Natur hat jetzt ihre hohe Stunde".

So wie ich empfinde die Unendlichkeit,
auch die Natur verharrt in Stille
und selbst der Wind verliert die Emsigkeit.
Nur noch ein Hauch, wie höherer Wille.

Auch die Vogelwelt verharrt in Schweigen.
Sie schlafen ein und halten Ruh´
Ich genieße mein Glück, kann mein Inneres zeigen.
Halt ein und schweig auch Du.

Mein Traum

In meinen vielen Arbeitsjahren,
nen Traum konnte ich mir stets bewahren.

Mit Aufwand, Arbeit , langem Streben,
erfüllte sich mein Traum des Lebens.

Ein Forsthaus, wie in Kindertagen
Sollt,s für mich sein, muss ich Euch sagen.

Die Kindheit, die ist längst vorbei.
Geblieben ist die Träumerei.

Natürlich ist der Blick verklärt,
Zurück zu denken sich bewährt.

Manch schöner Brauch, auch schwere Last,
ist längst vorbei oder verblasst.

Doch gilt mit Träumen, dann mit Taten,
Gut‚s zu erhalten, ist uns zu raten.

Die Nacht

Vergangen ist des Tages Licht.
die Dunkelheit nimmt reine Sicht.
Dafür sind deine Sinne klar
und nehmen neue Dinge war.

Du glaubst, den Sinnen nicht zu trauen.
Doch wenn du willst kannst du auch schauen,
wie sich Natur des Nachts besinnt,
manch Tier sein Lebenslauf beginnt.

Doch nicht nur das bewegte Leben,
auch Luft, Wind, Nebel sich erheben.
Hast du in solchen dunklen Stunden
schon mal dein inn`res Glück empfunden?

Stellt sich vor Nacht die Dämmerung ein,
dann kannst du immer sicher sein,
die Dachse und die Marderhunde,
die haben jetzt aktive Stunde.

Es fängt an sich auf allen Wegen,
verschiedenes Leben zu regen.
Zwar ist der Fuchs auch tags zugegen,
auch nachts wird er sich oft bewegen.

Der Fledermäuse lautlos schwingen
ihr Abend-, Nachtgang neu beginnen.
Der Waschbär aus dem Schlaf erwacht
Fängt an und räubert übernacht.

Im Strauchwerk setzt ein rascheln ein.
Das kann doch nur ein Igel sein.
Ein Schatten nur, ein kurzer Blick,
ein Marder sich vor dir verdrückt.

Die Wildschweine werden wach.
Sind dort am brechen, machen Krach.
Das scheue Reh, der starke Hirsch
sind auf den Läufen, ich auf Pirsch.

Von ferne hör´ ich ein Käuzchen schreien.
Da fällt mir die Geschichte ein,
Schreit´s Käuzchen in der Nacht,
wird Unheil, Ungemach gebracht.

Lass dich nicht schrecken von solch´ Sagen.
Sie sind nur Aberglaube, Plagen.
Die Nacht ist schön und hüllt mich ein,
verspricht nicht nur, bringt Träumerein.

Über die Natur

Natur ist wichtig-
Sie ist vom Schöpfer uns gegeben.
Wir brauchen sie, wie Luft zum Leben.
Natur ist alles, was wir haben,
um unser Leben zu ertragen.

Natur ist schön-
Besonders in des Frühlings Pracht,
hat die Natur sich schön gemacht.
Sie lässt es allenthalben sprießen.
Wir können alles voll genießen.

Natur ist bunt-
Da ist die ganze Vogelwelt,
die Fische sich dazu gesellt,
die Blumen mit der ganzen Pracht,
der Menschen Herzen glücklich macht.

Natur ist reich-
Die Flora, Fauna sind zugleich
unsere Natur und machen reich.
Sie sind die Basis unseres Lebens.
Ohne Natur würde es uns nicht geben.

Natur ist ehrlich-
Oft ist das Leben sehr gefährlich.
Die Vorsicht, Kenntnis unentbehrlich.
Stellst du dich auf Natur so ein,
wird sie niemals Betrüger sein.

Natur ist geduldig-
Wie oft wird die Natur verletzt,
des Menschen Wille durchgesetzt.
Sehr lange lässt sie sich's gefallen,
doch dann schlägt sie zurück mit allem.

Natur ist unergründlich-
Natur zeigt immer neue Dinge.
Der Mensch glaubt, dass es ihm gelinge,
hinter der Natur Geheimnis kommt,
doch hier, wie oft, da irrt er prommt.

Natur ist empfindlich-
Natur strebt an das Gleichgewicht.
Verändern darf der Mensch das nicht.
Hält diese Regel er nicht ein,
wird sie der Racheengel sein.

Natur ist grausam-
Auf hohem Baum und im Geäst,
wirft sie den Schwachen aus dem Nest.
Wenn´s Häschen Leben neu erfährt,
der Fuchs als Nahrung es begehrt.

Natur ist gewaltig-
Wenn Blitze, Sturm und Donnergrollen,
durch Regengüsse Flüsse schwollen,
wenn Schneelawinen, Wanderdünen, Feuersbrünste
wüten, muss vor Gewalt der Mensch sich hüten.

Natur hat jede Eigenschaft,
die unser Leben möglich macht.
Um uns herum ist die Natur.
Wir müssen daher Natur pflegen,
sonst ist vorbei des Lebens Segen.

Die Zeit

Nutze Deine Zeit,
sie ist flüchtig,
wie ein scheues Reh.
Mal zäh, gedehnt,
schnell, wie der Vogel.

Schön und bedrückend,
da und schon verschwunden.
Mal zu kurz, mal unendlich.
So bestimmt sie unser Leben.

Wie schnell kann sie vorbei sein,
Deine Zeit.

Frühling

Nun ist er da, der Spender neuen Lebens.
Das Herz schlägt hoch und weit.
Die Natur erwacht. In allen Winkeln sieht man reges.

Es sprießt und wächst, der Bäume Knospen drall.
Vergessen ist die Andachtszeit.
Viel Neues, Schönes, Hoffen überall.

Nicht nur Natur, auch in Dir selbst ein Wandeln.
Das Herz ist voll Gefühl.
Ein sehnsuchtsvolles Ahnen führt zum Handeln.

Ist es der Ruf von der Natur und der Unendlichkeit?
Du siehst Dich um und Menschen anders an.
Der Lebenssaft in Dir, das ist für Dich die Wirklichkeit.

Osterfest

Ostern ist das Fest des Lebens.
Sonne streift durch die Natur.
Überall jetzt neues Streben.
Schon belebt sich Wald und Flur.

Noch kahl der Baum und grau das Feld.
Der Winter kämpft mit letzter Kraft.
Doch unter,m blauen Himmelszelt,
die Sonne neues Leben schafft.

Die Menschen zieht es aus dem Haus,
Sie wandern froh mit neuem Mut.
Du grauer Herrscher, bist nun aus.
Die holde Sonne tut uns gut.

Und überall beginnt sich,s zu regen.
Der kalte Winter ist besiegt.
Die helle Zeit zeigt neues Leben.
Es wird gescherzt, gelacht, geliebt.

Ein helles Feuer wird entzündet.
Mit ihm wird Ungemach verbracht.
Und diese hellen Flammen künden:
„Vorbei ist nun die Lebensnacht".

Pfingsten

Pfingsten kam mit hellem Sonnenschein.
Der blaue Himmel voll mit lauer Luft.
Auf den Wiesen das erste Grün
und Blumen, holder Duft.

In allen Winkeln regt sich neues Leben.
Die Vögel haben ihre erste Brut.
Voll Neuem die Natur und
auch den Menschen geht es gut.

Auf weitem Feld ein grünes wogen.
Die neue Saat reich bis ans Knie.
Es wächst das Korn;
wir woll'n den Schöpfer loben.

Das Frühlingsfest im Dorf hält
alt und jung im Banne.
Die Mädchen haben buntes Band im Haar.
Die Musik spielt, man tanzt,
der Jüngling wird zum Manne.

Der Abend lau, umschlungen
geht das Paar. Der Maienabend
ist sanft, verschwiegen.
Na warten wir mal bis Februar.

Der Regen

Der Regen hat die Eigenschaft,
er ist der Erde Lebenskraft.
Sie kann nicht ohne Regen sein.
Nur mit ihm Leben, ganz allein.

Der Regen hat auch viel Gestalten.
Er hilft Natur sich zu entfalten.
Dazu sollte immer Regen sein,
gar zärtlich, leicht und auch recht fein.

Der Regen kommt gerne auch ganz plötzlich;
Und ist dann oftmals sehr entsetzlich.
Er fällt vom Himmel mit Gebraus.
Nach kurzer Zeit es schon aus.

Der Regen fällt auch manchmal lange.
Zuviel davon macht Angst und Bange.
Da fällt sofort das Sprichwort ein,
dass alles sollte in Maßen sein.

Der Regen kommt an mit Gewalt.
Er macht vor keinem Hemmnis halt.
Entwickelt große Wassermassen.
Die kann kein Auffangbecken fassen.

Der Regen fällt oft auch nachts.
Wenn du dann morgens früh erwachst,
erfüllt es dich und Freude macht´s,
weil dann die liebe Sonne lacht.

Der Regen hat auf dieser Welt
Der Menschen Leben eingestellt.
So wird in Indischen Gefilden
Monsun den Lebenszyklus bilden.

Der Regen auch in unserem Lande
Schon brachte Gegenden manche Schande.
Im Frühjahr, dem Beginn des Lebens,
kann es oft Überschwemmung geben.

Der Regen ist dann gar nicht gut.
Die Menschen sind schon auf der Hut.
Sie versuchen sich zu schützen.
Doch mancher Versuch wird ihnen nichts nützen.

Der Regen in der Berge Welt,
vor manche Schwierigkeiten stellt.
Zwar hat der Mensch es selbst verschuldet,
Vergehen der Regen nicht entschuldigt.

Der Regen kommt in großer Menge.
Dann spült er fort des Berges Hänge.
Der Mensch will oft die Natur gestalten.
Bei Unheil sind es dann Naturgewalten.

Der Regen ist, das sieht man hier,
für wahr ein wildes „Tier".
So ist der Regen in dem Leben
mal Ungemach mal Segen.

Der Sommer

Der Sommer kam. Des Reh- und Fuchskinds
Leben noch ganz neu. Linde Sommerwinde
lassen die Natur erblühen. Der Schnitter
mäht die Wiese und es duftet nach Heu.

Die Sommerwinde wiegen auch leise
das Ährenmeer. Der Bursche und das Mädchen gehen
umschlungen am Feldsrain entlang. Des Kuckucks Ruf
schallt über Feld und Wald bis hierher.

Noch scheint die Sonne, doch schon ziehen
dunkle Wolken herauf . Die dürstende Erde
wartet auf Regen. Die Wolken sind da;
es regnet und sie lösen sich auf.

Da ist sie wieder, die Sonne, und brennt herunter
vom Himmelszelt. Sonne, Regen und Wind
im richtigen Maß sehr willkommen sind.
Der Sommer neigt sich und der
Landmann erntet sein Ährenfeld.

Mond im August

Der Mond

Wenn Mondes Silberlichter glänzen,
der Herzen Liebe sich umkränzen.
Des Mondes klarer Silberschein
fängt alle Liebesherzen ein.

Das was man hier beschreibt,
passiert sehr oft zur Sommerzeit;
und ganz besonders, wie ihr wisst,
wenn draußen auch noch Vollmond ist.

Das ist Romantisch – Duselei.
Der Jäger findet nichts dabei.
Für ihn ist Vollmond, welche Wonne,
die ausgesprochene Schweinesonne.

So hat ein jeder sein Pläsier.
Der Mond kann nie etwas dafür.
Er zieht dahin auf Himmelsbahn.
Lass doch den Menschen ihren Wahn.

Der Vollmond geht auch schnell vorbei
und aus des Nachts die Jägerei.
Der Mond nimmt ab, wird schmal und klein,
wie glücklich würden Frauen sein.

Doch lange währt das Abnehmen nicht.
Der Mond verliert voll sein Gesicht.
Die Nacht wird finster, welche Pein,
das muss die Zeit des Neumondes sein.

Nach etwa 4 bis fünf Tagen,
den Blick zum Himmel wieder wagen.
Das Licht des Mondes geht neu an.
Das Zunehmen man gut sehen kann.

Ist es dann draußen noch erträglich,
wächst die Romantik beinahe täglich.
Der Vollmond ist schon bald zurück
und auch im Freien Liebesglück.

So ist, man kann es stets erwarten,
der Vollmond da, dessen wir so harrten.
Und in 4 Wochen, kurze Zeit,
steht wieder Jägern Mond bereit.

Herbst

Der Herbst ist da mit seinen üppigen Gaben.
Auf Feld, Baum und Rebe zeigt sich seine Pracht
Der fleißige Landmann kann sie nun haben.

Die Erntezeit, sie ist uns lieb und teuer.
Es geht ans Werk mit allen unseren Kräften.
Wir packen an und füllen Säcke, Keller, Scheuer.

Der Zauberer Herbst, er wandelt die Natur.
Die Bäume legen an ihr buntes Kleid.
Der Herbstwind kommt und zieht jetzt seine Spur.

Noch lebt und strebt es, doch der Wind ist
in seinem Element.
Die Luft wird rau, die Bäume legen Blätter ab.
Man ahnt, der Winter übernimmt bald das Regiment.

Der Nebel

Der Abend läd zum Träumen ein.
Ich sitz im letzten Abendschein
und lasse die Gedanken zieh,n.

Mein Blick lass ich die Bäume streicheln.
Die Luft noch lau, die Sinne schmeicheln
und aus den Wiesen steigt,s hervor.

Ein leises Schauern ist in mir.
Mein Sinnen ist ganz nah bei dir
und dieses graue Schweben hüllt mich ein.

Nun ist er da, der leise Schleicher-
Er macht beklommen; alles weicher,
und gibt die Wirklichkeit nicht frei.

Jetzt ist er hier, schon wieder dort.
Zieht sich zusammen; nun ist er fort.
Der Nebel ist der Diener unsrer Phantasie.

Der Wind

Wer bist du Wind? Du unergründlich Wesen.
Mal bist du stark, mal bist du schwach.
Mal bist du Freund, schon unbesiegter Feind.
Du wandelst dich vom Helfer zum Zerstörer.

Bist unersetzlich beim mehren der Natur.
Gleichwohl hast du die Kraft des Untergangs in dir.
Jetzt treibst du noch das Schiff hurtig auf den Wellen.
Nun spricht dein Zorn; das Schiff muss untergeh,n.

Du änderst ständig deinen Namen
und damit deine Kraft.
Heut leises Lüftchen lässt erahnen,
wie zärtlich du als Wind kannst weh,n.

Doch bald ereilst du uns mit Schrecken
als Sturm, Taifun und Hurrikan.
So sind wir, woll,n wir oder nicht
für dich, nur noch der Untertan.

Schon ist dein Zorn verklungen.
Du flüsterst wieder leis.
Streichst munter, freundlich durch die Bäume,
fast unerkannt nur noch.

So ziehst du weise deine Bahnen,
in deiner Unergründlichkeit,
und wir erstaunen und erahnen
nur deine schier Unendlichkeit.

Winter

Der Winter ist die stille Zeit.
Der Herzschlag der Natur
geht ruhig. Auch Du verweilst
in der Gedankeninnigkeit.

Es scheint als hört es auf, das Leben
doch da täuscht Du Dich; es scheint nur so.
Denn unter Schnee und Laub
beginnt sich Neues schon zu regen.

Das Leben geht zwar langsamer
bei Pflanze, Baum und Tier.
Sie sparen Kraft und sorgen vor.
Denn um uns, in uns wächst
das neues Leben dort und hier.

Der Schnee, er ist kein Leichentuch.
Wie oft, so trügt auch hier
der Schein Der Winter ist
der Wahrer Knospen erster Bruch.

Stille

Oh Stille, Du Schmeichlerin der Sinn.
Neue Kräfte verleihst Du meiner Phantasie.
Du lässt Gedanken Flügel wachsen.
Das Auge ruht, die sanften Hügel streichelnd.

Das Ohr hört nichts. Von innen nur der Laut.
So schweb ich fort in vielerlei Gedanken.
Es scheint als hält mich nichts mehr auf.
Doch trügerisch und schwankend ist die Stille.

Der Stille Phantasie hat hell und dunkle Seiten.
So manchem wächst die Angst vor ihr.
Verleiht sie uns auch noch so süßes Sehnen,
Sie hält nie was sie schafft in unsrer Wirklichkeit.

Schneefall

Still und leise fällt hernieder
von dem grauen Himmelszelt
Flockenwirbel wieder und
verhüllt in Weiß die Welt.

Winter bringt dich heute leise,
morgen schon mit Sturmgebraus.
Schneefall ist für uns die Hoffnung
oder auch ein Graus.

Schnee du Schmeichler unsrer Sinne.
Gibst uns jetzt die innr,e Ruh.
Mit des Schneefalls leiser Stimme
deckst du auch die Sorgen zu.

Du hast Schweigen uns geboten
und hast die Natur bedeckt.
Unter weißer dicker Decke
neues Leben sich schon reckt.

Du bist nicht, wie oft dein Fluch,
ein bedrohlich Leichentuch.

Frohe Weihnachten

Im letzten Monat jeden Jahres
erfahren wir was wunderbares.
Die stille Zeit ist angebrochen.
Sie weckt bei uns ein leises Hoffen.

Wird Frieden unter Menschen bleiben
und auch kein Unheil uns vertreiben.
Die Herzen heimlich höher schlagen;
erwartet werden liebe Gaben.

Besonders wache Kinderherzen
Erweitern sich beim Licht der Kerzen.
Mit jedem weiteren Advent
Erwartungsfreude heller brennt.

Dann ist sie da, die Stille Nacht
und hat den Zauber mitgebracht.
Der bunt geschmückte Tannenbaum,
die reinen Kinderaugen schauen.

Für alle Menschen wünschen wir,
dass Frieden sei, und nicht nur hier.
Wir wünschen uns in dieser Nacht,
dass sie die Menschen glücklich macht.

Silvester

Die Weihnachtszeit ist nun zuende
und vor uns liegt die Jahreswende.
Seht viele Menschen haben frei,
erholen sich von Völlerei.

Es ist die Zeit, zurück zu blicken.
Für Besseres sich nun anzuschicken.
Es wird sich Vieles vorgenommen.
Im neuen Jahr soll's anders kommen.

Es ist auch überall verbreitet
und darauf wird sich vorbereitet,
das Jahr mit einem Fest beenden
und anderen gute Wünsche senden.

Mit Tanzen und viel Fröhlichkeit,
das neue Jahr steht schon bereit.
Den Sekt gekühlt, die Gläser voll,
so wartet man auf 12 Uhr, toll.

Das Knallen und der Böller Hall,
das Feuerwerk muss sein, auf jeden Fall.
Prost Neujahr schallt's durch's ganze Haus.
Für Viele ist die Feier aus.

Für andere geht die Feier weiter.
Der nächste Tag ist nicht so heiter.
Zum nächsten Mal ist das vergessen.
Man feiert wieder, wie besessen.